Vikingarnas
visdomsord

Hávamál

Vikingarnas visdomsord

I översättning av
Karl G. Johansson

GUDRUN

Mångfaldigande av innehållet i denna bok, helt eller
delvis, är enligt lag om opphovsrätt förbjudet utan
medgivande af förlaget, Gudrun publishing, Göteborg
– Oslo – Reykjavík.

Gudrun publishing
Oslo – Göteborg – Reykjavík

Vikingarnas visdomsord © Gudrun 1995, 2002
© Karl G. Johansson
© Förord Matthías Viðar Sæmundsson
Omslag: Björn Jónasson och Helgi Hilmarsson
Rubriker till verserna: Karl G. Johansson och
Björn Jónasson
Layout: Grafísk hönnun hf.

ISBN 9979-856-56-4 (inbunden)
ISBN 9979-856-57-2 (häftad)

Palatino 8–12p og Goudy 14p

Recycled paper

Tryck og inbindning: Oddi hf.
Printed in Iceland

Innehållsförteckning

Inledning	9
Förord	13
Hávamál	17
Råd till gästen	18
Hur man tar emot en gäst	19
Värme och skydd	20
Gästfrihet	21
Samspråk	22
Ödmjukhet	23
Att söka kunskap	24
Oberoende	25
Andras åsikter	26
Visdom	27
Vaksamhet	28
Dryckenskap	29
Mod och kraft	30
Självbedrägeri	31
Dåligt uppförande	32
Erfarenhet	33
Gott uppförande	34
Självdisciplin	35
Måttfullhet	36
Vanheder	37
Bekymmer	38

Naivitet 39
Värdera dina vänner 40
Falsk säkerhet 41
När man ska tiga 42
Skvaller 43
Att tala för mycket 44
Undvik fiendskap 45
Väck inte vännernas vrede 46
Gräl 47
Om måltider före en fest 48
Äkta vänskap 49
Hur man bevarar en vänskap 50
Hemmets härd 51
Fattigdom 52
Vaksamhet 53
Givmildhet 54
Hur man ska hantera pengar 55
Varaktig vänskap 56
Att vara listig 57
Undvik dina fiender 58
Odla vänskapen 59
Möt lömskhet med lögn 60
Falska vänner 61
Ensamhet och sällskap 62
Framgång 63
Vikten av att vara klädd 64

Ensamhet	65
Falsk vänskap	66
Måttfullhet	67
Olika förstånd	68
Måttfullhet och framgång	69
Måttfullhet och lycka	70
Att känna sitt öde	71
Kunskap	72
Morgonstund ...	73
Viljestyrka	74
Förutseende	75
Stolthet	76
Hur man inte ska uppträda	77
Det två vet ...	78
Maktutövande	79
Den ovälkomne gästen	80
Gästfrihetens villkor	81
Livets nödtorft	82
Se livets ljusa sidor	83
Livet är värt att leva	84
Alla har sin rätt att leva	85
För släkten vidare	86
Pengar är inte allt	87
Ett gott rykte	88
Om titeln	90
Hávamáls versmått	91

Inledning

Den samling av dikter där Hávamál ingår brukar kallas Den poetiska eddan. Den är ett av de viktigaste dokumenten från vikingatid och tidig medeltid. Det är mycket svårt att datera dikterna eftersom de bara finns nedskrivna i handskrifter från 1200-talet och framåt. Många av dikterna anses dock ursprungligen vara från 800- och 900-talet och ge en bild av våra vikingatida förfäders myter och religion.

Hávamál är en av de mest uppmärksammade av eddadikterna. Den innehåller fem olika avsnitt som brukar delas upp efter innehåll och form. I sin helhet innehåller dikten etthundrasextiofyra strofer med något varierande innehåll. I denna översättning presenterar vi en nytolkning av sjuttioen strofer ur det första avsnittet, det som behandlar gästens uppförande och hur en människa ska leva sitt liv värdigt och lyckligt.

Detta avsnitt innehåller mycket livsvisdom framförd i ett slags ordspråksform. Det skiljer sig härigenom från de övriga eddadikterna som ofta är mer berättande till formen. Ordspråksdikterna har ofta betraktats som muntligt förmedlade lärdomsstrofer med sina rötter i det vikingatida samhället. Man har ofta tyckt sig se en bild av vikingens vardag i de råd och anvisningar som dikten ger. Kanske måste vi i dag ställa oss något mer tveksamma till denna syn på dikten och konstatera att den mycket väl kan vara senare än vikingatiden och kanske skrivits ner under 1100-talet. Den muntliga traderingen av dessa visdomsord vet vi fortfarande mycket lite om, men troligtvis går den tillbaka till en tid då Norden ännu inte hade kristnats.

Det har funnits många förslag på var Hávamál har diktats. Vissa forskare har försvarat en isländsk tillkomstort, medan andra har hävdat att dikten måste härstamma från Norge. En tredje inriktning inom forskningen kring eddadikterna har hävdat att dikten har sina rötter på Irland eller i de nordiska kolonierna på Hebriderna. Hur det förhåller sig med detta kan vi inte säga med säkerhet. Det finns beståndsdelar i dikten som kan tyda på att den ursprungligen hört hemma i Norge eller på de brittiska öarna, men å andra sidan kan dessa drag lika väl tyda på att islänningen som diktat stroferna varit en berest man som har sett sig om i världen.

Poeten vet vi alltså ingenting om. Han är anonym som så många andra av tidens diktare. I dikten som helhet läggs stroferna i Odens mun, men om man ser gästens strofer för sig ger de ett intryck, inte av att vara uttalade av Oden, utan av en diktare som döljer sig bakom en opersonlig berättarmask.

Göteborg 28 juli 1995

Karl G. Johansson

Förord

Vikingarna och deras efterkommande levde i en värld där kristendomen hade problem med att etablera någon kontakt med vardagslivet i det höga nord. Därför levde hednisk livsfilosofi vidare i människornas sinnen i århundraden efter det att kristendomen blev officiellt accepterad. Kunskapen om gamla tider gick i arv från en generation till nästa på olika sätt trots omfattande försök att undertrycka den.

Nordens visdom, Hávamál, ger oss en evigt giltig insikt i den hedniska världen. Även om denna diktning är över tusen år gammal kunde den ha varit skriven i går. Mycket av den tycks inte kunna bli föråldrat eftersom människorna på många viktiga områden knappt har förändrat sig under århundradena. Också de viktigaste aspekterna på livet är desamma som på den tid då Hávamál skrevs. En man som har eld, ser solen, har god hälsa och personlig integritet har det bättre än en som tillbringar livet med att söka efter rikedom och lyx och försöker imponera på andra.

Ingenting kan beröva en sådan man hans liv, för även om döden är oundviklig kommer hans eftermäle aldrig att dö.

Den hedniska kulturen i Norden hade en livskraft som medelhavsdialektiken om det goda och det onda, om denna värld och nästa, inte klarade att övervinna på flera århundraden, kanske rent av inte förrän på 1700-talet. Fram till dess levde den hedniska tron tillsammans med eller under den officiella och hotade denna på olika sätt. Det var till exempel vanligt för trollkarlar på 1600-talet att åkalla de hedniska gudarna – Oden, Tor och Frey – och det praktiserades fortfarande elddyrkan. I motsättning till de flesta andra ställen klarade kyrkan på Island och i Skandinavien inte att etablera kristna hållningar som en gemensam social bas innan dessa hade praktiserats i flera århundraden och inte heller då stod kristendomen särskilt stark.

Moralen i Hávamál är först och främst förankrad i tron på värdet hos den enskilda människan, som trots allt inte står ensam i världen utan knyts till naturen och samhället av olösliga band. För anhängarna av en sådan filosofi var livscykeln en och odelbar, den levande världen utgjorde i alla sina manifestationer en harmonisk enhet. Övergrepp på naturen skulle få konsekvenser för individens existens. I den gamla nordiska filosofin var alla människor ansvariga för sitt eget liv, sin egen lycka och olycka och byggde upp sin existens utifrån sina egna förutsättningar.

Kanske har den hedniska filosofin aldrig haft ett mer direkt budskap än i dag, i en tid som visar förakt för människor och natur i stället för beundran.

Matthías Viðar Sæmundsson
Docent i isländsk litteratur vid Islands universitet

Hávamál

Råd till gästen

Innan du träder
in genom dörren
ska du spana noga,
ska du speja noga,
för det är ovisst
var ovänner
bänkats vid borden.

Hur man tar emot en gäst

Goda värdar!
Gästen har kommit,
var ska han sitta?
Otålig väntar
den som från vedlåren
söker sin lycka.

Värme och skydd

Eld behöver
den som har kommit in
och har kalla knän;
en man behöver
mat och kläder
när han farit över fjället.

Gästfrihet

Vatten behöver
den som kommer till bords,
värme och vänliga ord.
Gästfritt sinnelag
möter han gärna,
tilltal och tystnad.

Samspråk

Vett behöver
den som färdas vida,
säker är hemmets härd;
till åtlöje blir
den som ingenting vet
och kommer bland kloka.

Ödmjukhet

Om sin egen förmåga
ska man aldrig skryta,
utan hellre handla försiktigt;
när den tyste och kloke
kommer till en gård
går det honom sällan illa.

Att söka kunskap

Den vaksamme gästen
som kommer till gillet
tiger med tysta sinnen;
öronen lyssnar,
ögonen spanar,
så ökar den kloke sin kunskap.

Oberoende

Den är lycklig
som får lyssna till
vänligt och välvilligt tal;
kärvare är det
att tvingas känna
att domen ligger dold.

Andras åsikter

Den är lycklig
som själv i livet
har vänskap och vett;
för dåliga råd
har man ofta fått
ur andras bröst.

Visdom

Bättre börda
bär man inte på vägen
än mycket manvett;
det är större rikedom
på okända ställen,
sådan är den fattiges färd.

Vaksamhet

Bättre börda
bär man inte på vägen
än mycket manvett;
värre vägkost
väljer man inte till färden
än alltför mycket öl.

Dryckenskap

Det är inte så gott
som man säger,
människornas öl;
för den vet mindre
som dricker mer,
och förlorar sitt förstånd.

Mod och kraft

Fåmäld och klok
ska furstesonen vara,
och kraftfull i kampen;
glad och munter
ska var man leva
intill den dag han dör.

Självbedrägeri

En oklok man
tror han ska leva evigt
om han undviker strid;
men åldern ger
honom ingen frid
om än han skonas av spjuten.

Dåligt uppförande

Token stirrar
och pratar strunt
när han gästar gillet;
genast om han får
en första sup,
mannens vett är väck.

Erfarenhet

Den ensam vet,
som vandrar vida
och har farit flitigt,
vilken förmåga
som följer den man,
som vet att bruka sitt vett.

Gott uppförande

När man håller stopet
ska man dricka sin del,
tala om tvungen eller tiga;
den oseden
ska ingen klandra
att du går tidigt till sängs.

Självdisciplin

En frossande karl
utan något förstånd
äter sig till döds;
ofta gör en dum mage
mannen till åtlöje
i kloka mäns sällskap.

Måttfullhet

Hjordarna vet
när de ska hem
och går ifrån gräsbetet;
men en oklok man
lär sig aldrig
sin mages mått.

Vanheder

En eländig man
med ont i sinnet
skrattar åt allt;
han vet inte det,
som han borde veta
att han är utan heder.

Bekymmer

En oklok man
vakar alla nätter
och ältar om allt;
då är han trött
när dagen kommer,
och allt är som det var.

Naivitet

En oklok man tror,
att alla som skrattar
måste vara hans vänner;
han märker inte
att man hånar honom,
om han sitter bland kloka.

Värdera dina vänner

En oklok man tror,
att alla som skrattar
måste vara hans vänner;
dock märker han
då han kommer till tings
att få talar för honom.

Falsk säkerhet

En oklok man
anser sig veta allt,
när han sitter säkert;
men han vet inte
vad han ska säga,
om man prövar honom.

När man ska tiga

En oklok,
som kommer bland folk,
gör bäst i att tiga;
ingen vet,
att han ingenting kan,
om han tyglar sin tunga.

Skvaller

Den anser sig klok,
som kan lyssna
och sprida det som sagts;
man kan aldrig dölja
det som omtalas
mellan människor.

Att tala för mycket

Ofta talar
den som aldrig tiger
många tomma ord;
en snabb tunga
som inte tyglas,
vållar sig ofta skada.

Undvik fiendskap

Ingen ska göra
en annan till åtlöje,
om än han vistas bland vänner;
mången anser sig klok,
om han undviker frågor
och sitter trygg i tystnad.

Väck inte vännernas vrede

Den anser sig klok,
som flyktar undan
när han hånat en gäst;
han vet knappast,
den som hånar vid gillet,
att hans tal väcker vrede.

Gräl

Många karlar
är goda vänner,
men gäckas vid gillet;
ett evigt kiv
ska det alltid vara,
grälsjuk gäst emot gäst.

Om måltider före en fest

Tidig måltid
ska mannen alltid äta,
om han inte ska gästa;
han sitter och suktar,
ser svulten ut,
och säger inte ett ord.

Äkta vänskap

Omvägar leder
till en dålig vän,
om än han bor vid vägen;
men till den gode vännen
ligger raka vägar,
fast han är fjärran.

Hur man bevarar en vänskap

Man måste gå,
gästen ska inte bli
evigt på samma ställe;
den ljuve blir led
om han sitter länge
bänkad vid andras bord.

Hemmets härd

En gård är bättre,
om än liten,
hemma är var man herre;
äger man två getter
och ett fallfärdigt hus,
behöver man aldrig tigga.

Fattigdom

En gård är bättre,
om än liten,
hemma är var man herre;
blodigt är hjärtat
på den som tvingas be
om varje mål mat.

Vaksamhet

Sina vapen
ska ingen på fältet
ha utom ett stegs avstånd;
för ovisst är det
när man ute på vägen
behöver sitt spjut.

Givmildhet

Jag mötte ingen
så givmild man
att han inte godtog en gåva;
eller så frikostig
med sin rikedom
att han avstod från lön.

Hur man ska hantera pengar

Det gods
man har gripit,
ska man bruka begärligt;
ofta spar man åt ovän
det man ämnat en vän,
mycket går värre än väntat.

Varaktig vänskap

Vapen och kläder
är vänskapsgåvor,
det ser man på sig själv;
vänskapen varar längst
när vänner växlar gåvor,
om lyckan vill dem väl.

Att vara listig

För sin vän
ska man vara en vän
och gengälda gåvan med gåva;
men skratt för skratt
ska männen ge,
och lömskhet för lögn.

Undvik dina fiender

För sin vän
ska man vara en vän,
för honom och hans vän;
men för sin oväns vän
ska ingen vara
en vänfast vän.

Odla vänskapen

Har du en vän
som du tror om gott
och vill få fördel av honom;
ge honom gåvor
och goda råd,
sök ofta hans sällskap.

Möt lömskhet med lögn

Om du har en annan,
som du tror om ont,
men vill få fördel av honom;
vackert ska du tala,
men tänka falskt,
och möta lömskhet med lögn.

Falska vänner

Så även den
som du tror om ont,
och vars svek du anar;
du ska le mot honom
och dölja dina tankar,
gengälda gåva med gåva.

Ensamhet och sällskap

En gång var jag ung
och reste ensam,
vilse kom jag på vägen;
jag ansåg mig rik
när jag mötte en vän,
man är mans glädje.

Framgång

Modiga och goda
lever människor bäst
och grips sällan av skräck;
men en feg man
fruktar för allt,
en girig gräms över gåvor.

Vikten av att vara klädd

Mina kläder
gav jag på ängen
åt två trämän;
karlar tyckte de sig vara
i sina trasor,
nesligt är att gå naken.

Ensamhet

Den torra tallen
som står på tunet,
oskyddad av bark eller barr;
sådan är mannen
som ingen älskar,
varför ska han leva länge?

Falsk vänskap

Hetare än elden
brinner fem dagars fred
mellan onda vänner;
men den slocknar
på den sjätte dagen,
och all vänskap blir värre.

Måttfullhet

Man ska inte ge
alltför mycket,
ofta lovordas lite;
med en halv brödbit
och ett halvfyllt krus
vann jag en vän.

Olika förstånd

Små stränder,
små sjöar,
små är människors sinnen;
alla är inte
lika kloka,
det finns alla slags folk.

Måttfullhet och framgång

Medelklok
ska var man vara,
aldrig alltför klok;
bästa livet
lever människor
som lärt sig lagom mycket.

Måttfullhet och lycka

Medelklok
ska var man vara,
aldrig alltför klok;
sorglöst är hjärtat
sällan i bröstet
på den som är alltför klok.

Att känna sitt öde

Medelklok
ska var man vara,
aldrig alltför klok;
den vet inte
sitt öde i förväg
som sover sorglöst.

Kunskap

Branden av bränder
brinner till aska,
eld tänds av eld;
Mannen vinner
sin kunskap bland män,
men utarmas ensam.

Morgonstund ...

Tidigt upp ska
den som vill åt
andras gods eller guld;
sällan får liggande varg
ett lår, eller
sovande man en seger.

Viljestyrka

Tidigt upp ska
den som saknar stöd,
och gå förnuftigt fram;
mycket mister den
som sover var morgon,
viljan är halva vinsten.

Förutseende

Torra vedträn
och taknäver
kan var man värdera,
och det virke
som kan fällas
från vinter till vår.

Stolthet

Tvättad och mätt
rider man till tinget,
även utan goda kläder;
ingen ska skämmas
för byxor och skor,
inte heller för hästen
om än den är halt.

Hur man inte ska uppträda

Den spanar och gapar,
som kommer till stranden,
örnen vid åldrigt hav;
sådan är mannen,
som kommer bland många
och försvaras av få.

Det två vet ...

Fråga och tala
ska var tankfull man
som vill kallas klok;
en ska veta,
och ingen annan,
alla vet det flera vet.

Maktutövande

Sin makt
ska den rådkloke
bruka med måtta;
han märker snart
bland modiga män,
att ingen är ensam bäst.

Den ovälkomne gästen

För tidigt kom jag
till många ställen,
men för sent till somliga;
ölet var drucket,
något var obryggt,
led kommer sällan lägligt.

Gästfrihetens villkor

Här och var
bjöd man hem mig
om jag inte krävde mat;
eller två lår hängde
hos den trogne vännen,
där jag ätit ett.

Livets nödtorft

Eld är det bästa
bland människorna,
åsynen av solen,
den egna hälsan,
om man kan hålla den
utan att leva lastbart.

Se livets ljusa sidor

En man är inte utan hopp
om än hans hälsa är dålig;
somligas lycka är söner,
somligas är släkten,
somligas är rikedom,
somligas är väl utfört värv.

Livet är värt att leva

Bättre är att leva
och leva väl,
en död driver inga kor;
en eld såg jag brinna
för en välbärgad man,
och utanför dörren stod döden.

Alla har sin rätt att leva

En halt rider hästen,
en armlös vallar hjorden,
en döv dödar och duger;
bättre blind
än bli bränd:
litet hjälp ger ett lik.

För släkten vidare

En son är bättre,
om än senfödd,
efter den döde mannen;
för sällan står
stenar vid vägen,
som inte rests av en son.

Pengar är inte allt

Den vet inget
som ingenting vet,
många blir dumma av gods;
en man är rik,
en annan fattig,
han ska inte föraktas.

Ett gott rykte

Djuren dör,
släktingar dör,
även du själv ska dö;
men ett gott rykte
dör aldrig,
eller ett gott namn.

Om titeln

Titeln på den samling av visdomsord som presenteras här är i originalspråket Hávamál, vilket betyder 'den höges tal'. Den höge är en benämning på Oden, den främste av de nordiska gudarna och jämförbar med den grekiska mytologins Zeus eller den romerske guden Jupiter. I flera strofer i dikten är Oden huvudperson och i de övriga anar man ofta gudens närvaro.

I Hávamáls inledande avsnitt ger dikten råd till människorna om hur de ska leva sitt liv, hur de ska uppträda för att kunna leva ett liv i välgång och värdighet.

Hávamáls versmått

Hávamál är huvudsakligen skapad i ett versmått som kallas ljóðaháttur, vilket ordagrant översatt betyder 'poetiskt versmått'. Detta markerar troligen att versmåttet har betraktats som ålderdomligt och ursprungligt redan av medeltidens poeter och läsare. En strof i ljóðaháttur består normalt av sex versrader indelade i två halvstrofer om tre rader. De två första raderna i varje halvstrof binds samman med allitteration och den tredje har två allittererande ord i samma rad.

Allitteration betyder att en vokal eller konsonant i en tryckstark stavelse motsvaras av en vokal eller konsonant i en annan tryckstark stavelse. När det gäller konsonanter ska det vara samma konsonant i båda tillfällena. Alla vokaler allittererar med varandra.
Nedan ser vi ett exempel på allitteration.

<u>V</u>its er þörf,

þeim er <u>v</u>íða ratar.

Dælt er <u>h</u>eima <u>h</u>vað.

Að <u>au</u>gabragði verður,

sá er <u>e</u>kki kann

og með <u>s</u>notrum <u>s</u>itur.

De två första raderna i varje halvstrof (1
& 2 respektive 4 & 5) har två tryckstarka
stavelser medan raderna 3 och 6 har mellan
två och fyra tryckstarka stavelser. I vårt
exempel läggs trycket så här:

Vits er þörf,

þeim er víða ratar.

Dælt er heima hvað.

Að augabragði verður,

sá er ekki kann

og með snotrum situr.

Hávamál har troligen diktats för att läsas
högt. Rytmen uppstår inte bara med utgångspunkt i allitterationen utan även i
kontrasten mellan allittererande och icke
allittererande tryckstarka stavelser. I denna
svenska översättning kan läsaren lägga
märke till att allitterationsreglerna inte alltid
följs. I de fall där det varit naturligt att använda sig av allitteration för att markera
rytmen har jag gjort så, men i de fall där det
hade blivit krystat och svårförståeligt om
jag tvingat in översättningen i denna form
har jag valt att försöka åstadkomma en motsvarighet i en svensk ordspråksform. Målet
har varit att presentera en modern översättning av denna spännande text som så
mycket som möjligt återger originalets ton
och som fungerar vid högläsning.